कला और बूढ़ा चाँद

कला और बूढ़ा चाँद

[रश्मिपदी काव्य]

श्री सुमित्रानंदन पंत

राजकमल प्रकाशन

ISBN : 978-81-267-1444-5

मूल्य : ₹795

पहला संस्करण : 1959
नौवाँ संस्करण : 2024

प्रकाशक : राजकमल प्रकाशन प्रा.लि.
1-बी, नेताजी सुभाष मार्ग, दरियागंज
नई दिल्ली-110 002
शाखाएँ : अशोक राजपथ, साइंस कॉलेज के सामने, पटना-800 006
पहली मंजिल, दरबारी बिल्डिंग, महात्मा गांधी मार्ग, प्रयागराज-211 001
1, अनमोल सोराबजी संतुक लेन, धोबी तलाव, मरीन लाइंस, मुम्बई-400 002

वेबसाइट : www.rajkamalprakashan.com
ई-मेल : info@rajkamalprakashan.com

मुद्रक : बी.के. ऑफसेट
नवीन शाहदरा, दिल्ली-110 032

KALA AUR BOODHA CHAAND
Poems by Sumitranandan Pant

सुहृद्वर
श्री भगवतीचरण वर्मा को
सस्नेह !

विज्ञापन

'कला और बूढ़ा चाँद' में मेरी सन् १९५८ की रचनाएँ संगृहीत हैं।

१८/बी. ७, स्टैनली रोड,
इलाहाबाद
१५ दिसम्बर, '५९

—सुमित्रानंदन पंत

रश्मि-व्यूह

ओ सृजन उन्मेष,
मन ने बहुत काट-छाँट की,……
कला शिल्प के हाथों से
भाव बोध के स्पर्शों से
सहस्रों नये वसंत सँवारे !

अभी असंख्य शरदों को
अपने अंग
पावक में नहला कर
रूप ग्रहण करना है !

बूढ़ा चाँद

बूढ़ा चाँद
कला की गोरी बाँहों में
क्षण भर सोया है !

यह अमृत कला है
शोभा असि,
वह बूढ़ा प्रहरी
प्रेम की ढाल !

हाथी दाँत की
स्वप्नों की मीनार
सुलभ नहीं,—
न सही !
ओ बाहरी
खोखली समते,
नाग दंतों
विष दंतों की खेती
मत उगा !

राख की ढेरी से ढँका
अंगार सा
बूढ़ा चाँद

कला के बिछोह में
म्लान था,
नये अधरों का अमृत पीकर
अमर हो गया !

पतझर की ठूँठी टहनी में
कुहासों के नीड़ में
कला की कृश बाँहों में झूलता
पुराना चाँद ही
नूतन आशा
समग्र प्रकाश है !

वही कला,
राका शशि,—
वही बूढ़ा चाँद,
छाया शशि है !

कला

ओ पारगामी
गर्जन मौन
शुभ्र ज्ञान घन,

अगम नील की चिन्ता में
मत घुल !

यह रूप कला ही
प्रेम कला
अमरों का गवाक्ष है !—

उस पार की ज्योति से
तेरा अंतर
दीपित कर देगी !
तेरी आत्म रिक्तता
अक्षय वैभव से
भर जाएगी !

ओ शरद अभ्र,
तूने अपने मुक्त पंखों से
आँसू का मुक्ता भार
आकांक्षा का गहरा

श्यामल रंग
धरती पर बरसा कर
उसे हरी भरी कर दिया !

तेरा व्यथा धुला
नम्र मन
व्यापक प्रकाश वहन करेगा,
शाश्वत मुख का दर्पण बनेगा !

तेरे द्रवित हृदय में
स्वर्ग
स्वप्नों का इंद्रधनु नीड़
बसाएगा !

शिव की कला ही
सत्य और सुंदर है !

धेनुएँ

ओ रँभाती नदियो,
बेसुध
कहाँ भागी जाती हो?
वंशी रव
तुम्हारे ही भीतर है!

ओ फेन गुच्छ
लहरों की पूँछ उठाए
दौड़ती नदियो,

इस पार उस पार भी देखो,—
जहाँ फूलों के कूल,
सुनहले धान के खेत हैं!
कल कल छल छल
अपनी ही विरह व्यथा
प्रीति कथा कहते
मत चली जाओ!

सागर ही तुम्हारा सत्य नहीं!
वह तो गतिमय स्रोत की तरह
गति हीन स्थिति भर है!
तुम्हारा सत्य तुम्हारे भीतर है!—

राशि का ही अनंत
अनंत नहीं,—
गुण का अनंत
बूँद बूँद में है !

ओ दूध धार टपकाती
शुभ्र प्रेरणा धेनुओ,
तुम जिस वत्स के लिए
व्याकुल हो
वह मैं ही हूँ !

मुझे अपना धारोष्ण प्रकाश
अनामय अमृत पिलाओ !
अपनी शक्ति
अपना जव दो !

मुझे उस पार खड़ी
मानवता के लिए
सत्य का वोहित्थ
खेना है !

ओ तट सीमा में बहने वाली
सीमा हीन स्रोतस्विनियो,
मैं जल से ही
स्थल पर आया हूँ !

देह मान

उत्तर दिशा को
अकेले न जाना
लाड़िली,
वहाँ
गंधर्व किन्नर रहते हैं !

चाँदनी की मोहित खोहों में
ओसों के
दर्पण-से सरोवर हैं,
द्वार पर
झीने कुहासों के परदे पड़े हैं !
उत्तर दिशा में
अपनी वीणा न ले जाना
बावरी,
वहाँ अप्सर रहते हैं !

वे मन के तारों में
ऐसे बोल छेड़ते हैं,—
देह लाज छूट जाती है !
प्राणों की गुहाएँ
आनंद निर्झरों से
गूँज उठती हैं !

उत्तर दिशा में
ग्यारह तारों की
भाव वीणा न बजाना
मानिनी,
वहाँ इंद्र रहते हैं !

रक्त पद्म-से
हृदय पात्र में
शची
स्वर्णिम मधु ढालती है,—
स्वप्नों के मद से
इंद्रियों की नींद
उचट जाती है !

वहाँ आलोक की भूलभुलैया में
अंधकार
खो जाता है !

उत्तर दिशा को
ज्ञान शिखर की
अनंत चकाचौंध में
देह मान लेकर
अकेले न जाना,
भामिनी,
वहाँ कोई नहीं,
कोई नहीं है !

मधुछत्र

ओ ममाखियो,
यह सोने का मधु
कहाँ से लाईं ?
वे किस पार के वन थे
सद्य: खिले फूल ?

जिनकी पँखुड़ियाँ
अंजलियों की तरह
अनंत दान के लिए
खुली रहती हैं !

कितने स्रष्टा
स्वप्न द्रष्टा
चितवन तूली से
उनके रूप रंग अंकित कर लाए !

फूलों के हार
पुष्पों के स्तवक सँजोकर
उन्होंने
कुम्हलाई हाटें लगाईं !
रूप के प्यासे नयन
मधु नहीं चीन्ह सके !

ओ सोने की माखी,
तुम गर्भ ही में पैठ गईं,
स्वर्ग में प्रवेश कर
हिमालय-से अचेत
शुभ्र मौन को
गुंजित कर गईं !

उन माणिक पुष्पराग के
जलते कटोरों में
कैसा पावक रहा,
हीरक रश्मियों भरा ?—
जिसे दुह कर
तुम घट भर लाईं !
कौन अरूप गंध तुम्हें
कल का संदेश दे गई ?

ओ गीत सखी
ये बोलते पंख मुझे भी दो,
जो गाते रहते हैं,—
और,
वह मधु की गहरी परख,—
मैं भी
मधुपायी उड़ान भरूँगा !

मानवता की रचना
तुम्हारे छत्ते-सी हो !
जिसमें स्वर्ग फूलों का मधु,
युवकों के स्वप्न,
मानव हृदय की
करुणा ममता,—
मिट्टी की सौंधी गंध भरा
प्रेम का अमृत,
प्राणों का रस हो !

खोज

साँझ के धुँधलके में
धीमी धीमी
टिनटिनाती घंटियों की ध्वनि
किन अनजान चरागाहों से
आ रही है !

भेड़ों के झुंड-सी
अवचेतन की
घाटियों में छिपी
परंपराओं को
संस्कार
अपने अभ्यास की
पैतृक लाठी से
हाँक रहे हैं !

धरती के जघनों के बीच
फैली
घाटियों के अंग
कुम्हलाने लगे हैं !
नाभि-से गहरे
पोखर के जल में
अँधियाला डूब रहा है !

शिखरों पर से
चीलों के पंख खोल
अंतिम सुनहली किरणें
आकाश की खोहों में
सोने चली गई हैं !

चारों ओर
नैराश्य, संदेह
अवसाद का कुहासा
गहराने लगा है !
मन क्या खोज रहा है ?

इन क्षण दृश्यों के
बदलते रूपों में
समग्रता, संगति
कहाँ है ?
वह तो तुम से
संयुक्त रहने में है !

अमृत क्षण

यह वन की आग है !
डाल डाल
पात पात
जल रहे हैं !
कोपलें
चिनगियों-सी
चटक रही हैं !

शुभ्र हरी लपटें
लाल पीली लपटें
ऋतु शोभा को
चूमती चाटती
बढ़ती जाती हैं…
आनंद सिन्धु
सुलग उठा है !

ओ वन की परियो,
गाओ !
यह अमरों का यौवन है !
अपने अंगों से
धूपछाँह
खिसक जाने दो !
नए गंध वसन बुनो,
नए पराग में सनो !

प्रभात आ गया !
ओ वन पाखियो,
गाओ !
यह नया प्रकाश है !

वन लपटों से नए पंख माँगो,
तुम मन के नभ में उड़ सको,
मर्म में बस सको,
हृदय छू सको !

अब नया आकाश ही
नीड़ हो,
उड़ान ही
स्वप्न शयन !

यह आग शोभा ही में
सीमित न रहेगी,
फागुन लाज ही में
लिपटा न रहेगा !

साँसें आग न बरसाएँगी,
ओंठ ओंठ न जलाएँगे !
अमृत पीते रहेंगे हम,
नए पराग सूँघेंगे !

यह मिट्टी ही
शाश्वत है,
असीम है,
चैतन्य है !

प्राणों के पुत्र हम,
स्वप्नों के रथ पर आएँगे;
रस की संतानें,
अनंत यौवन के गीत गाएँगे !

भावों का मधु पीएँगे,
मदिर लपटों का
प्रकाश संचय करेंगे,

हमने मृत क्षणों में से
अमृत क्षण चुने हैं !

शरद शील

शरद आ गई !
श्वेत कृष्ण बलाकों की
मदिर चितवन लिए,—
शरद छा गई !

स्वच्छ जल
नील नभ
उसी का कक्ष है !
काँसों की दूध फेन सेज पर
चंदिरा सोई है !
गौर पद्म सरोवर
उठता गिरता
उसी का वक्ष है !

यह प्रिया की कल्पना है,
चंद्रमुखी प्रिया की !
शोभा स्वप्न कक्ष में
देह भार मुक्त
शील उज्वल लौ
चंदिरा की !

सरोवर जल में
रुपहरी आग है,—

राजहंस
स्वप्नों के पंख खोले हैं,—
तुम्हारी रूप तरी में
प्राणों के शुभ्र पाल हैं,
नवले !

ओ युवक युवतियो,
स्वच्छ चाँदनी में नहाओ,
नग्न गात्र, नग्न मन,—
आत्म दीप लिए,
मुक्त चाँदनी में आओ !

नवीन देह बोध पाओ,—
रूप रेखाएँ देखो,
रूप सीमाएँ
पहचानो !

ए तटस्थ प्रेमियो,
रूप विरक्त मत होओ;
रस स्रोत मन में है,
सौन्दर्य आनंद
भीतर हैं,—
देह में न खोजो !

देह लजाती है,
अपनी सीमा जानती है;
प्रेम विरत होता है
रज गंध में सन कर;—
उसका मंदिर हृदय है !

काले मेघों के महल
ढह गए,
चपला की चमक
कामना की दमक
मिट गई ;—

यह सामाजिकता का
प्रासाद है,
शरद शुभ्र
भाव गौर,—
मानवता का स्फटिक प्रांगण !

ओ युवक युवतियो,
शील सौम्य
शरद शुभ्र
चरण धर आओ !

रिक्त मौन

मैंने
हिमालय के
शुभ्र श्वेत मौन को
फूँका,

मानस शंख से
छोटा था वह !

सूरज ने प्रकाश
चाँद ने चाँदनी लुटाई,
हिमालय की सतरंग देह
मेरी छाया निकली !

स्वर्ग शोभा
कनक गौर उभरे उरोजों को
पीन जघनों से सटाए
सोई थी,—
छेड़कर देखा,
कामना तृप्ति से
बौनी थी !

ऊषा आई, साँझ आई,
वैदिक ऋषि और नये कवि,—

हिमालय की
उलटी हथेली सी सीप
उस मोती से सूनी थी
जिसे प्रेम ने
हृदय को सौंपा था !

सहज गति

तुम्हारी वेणी के प्रकाश नीड़ में
मेरे स्वप्न चहकते हैं,—
ओ शुभ्र नीलिमे !

जब तक अंधकार है
प्रकाश भी है !
तुम्हारे पथ की
बाधा है ज्ञान,—
सबसे बड़ा अज्ञान !
वैसे तुम चीन्ही हो,
चिर परिचित हो !

जब तक अंधकार है
ज्ञान बंधन बनता रहेगा;
ज्ञान का फल खाकर
मैं अज्ञान में डूब गया !
मन के
काले सुफेद
पंख उग आए !

ड्योढ़ी के भीतर
केवल शांति,
निःस्वर शांति,
निःसीम शांति है !

जिसका छोर पकड़े
ज्ञान अज्ञान शून्य
मैं बढ़ता जाता हूँ,…
बढ़ता जाता हूँ !

ओ अंतरमयि,
तुम्हारा करुणा कर ही
ध्यान बन कर
गति हीन गति से
मुझे खींचता है !

अपने स्थान पर
मैं तुम्हें पाता हूँ !

दृष्टि

अमृत सरोवर में
रति सागर में डूब
मैं पूर्ण हो गया !

किसी बृहत् शतदल का
पराग है यह स्वर्ण धूलि,—
इसके कण कण में
मधु है !

यह नील
अंतः स्पर्शी एकाग्र दृष्टि है,
जिसमें अनंत सृजन स्वप्न
मचल रहे हैं !

तुम्हारी कामदेह शोभा
आदर्श है,
जिसमें शाश्वत बिम्बित है !
रोम हर्ष
प्रकाश अंकुर हैं,
जिनमें नवीन प्रभात उदित है !

वस्तु कभी वस्तु न थी,
तुम्हीं थी !—
भले दृष्टि न हो !

तुम,—
जिसे प्रेम आनंद
प्रकाश, शांति
वाणी नहीं दे पा रहे,
अनंद शाश्वत
छू नहीं पा रहे ;—

तुम्हीं हो,
भले दृष्टि न हो !

मुख

सिन्धु
मेरी हथेली में समा जाते हैं,
उन्हें पी जाता हूँ मैं,
जब प्यासा होता हूँ !

प्राणों की आग में गल कर,
मैं ही उन्हें भरता हूँ !
जब
सूख जाते हैं वे !

सोने के दर्पण सी दमकती···
प्राणों की आग,
जिसमें आनंद
मुख देखता है !

मुख,—चूर्ण नील अलकों घिरा,
अनिमेष, प्रेम दृष्टि भरा—
जो ज्ञान को हृदय देती है !
अधर, अग्नि रेख से लाल
तृप्ति चूमती है जिन्हें !

मेरा ही मन बनता है
वह मुख,—
जब मैं तुम्हें
स्मरण करता हूँ !

मेरा ही मन बनता है
वह सुख,—
जब मैं तुम्हें
वरण करता हूँ !

अनुभूति

मैं सूर्य में डूबा,
वह स्वच्छ सरोवर निकला,
रक्त कमल सा खिला !
मेरे अंग अंग
स्वर्ण शुभ्र हो उठे !

ओ हीर रश्मि
अंतः सत्य,
ओ माणिक किरण
अंतर्वास्तविकते,
बहिर्जीवन सीमाएँ
लाँघो,
अतिक्रम करो ;

तुम नित नवीन
अति आधुनिक हो;
ओ अंतः प्रकाश,
पूर्व पश्चिम से परे
तुम मानव मिलन सूर्य हो !

ओ काल शिखर पर
रजत नील में स्थित
स्वच्छ मानस,
ओ अंतश्चेतन,
तुम नव उदय
नव हृदय हो !

मेरा इंद्रिय बोध
तुममें डूब
स्वर्ण शुभ्र
निखर उठा !

मैं तुम्हारा मधुप हूँ !
ओ मणि पद्म,
पावक कमल !

अज्ञात स्पर्श

शरद के
एकांत शुभ्र प्रभात में
हरसिंगार के
सहस्रों झरते फूल
उस आनंद सौन्दर्य का
आभास न दे सके

जो

तुम्हारे अज्ञात स्पर्श से
असंख्य स्वर्गिक अनुभूतियों में
मेरे भीतर
बरस पड़ता है !

प्रज्ञा

वन फूलों में
मैंने नए स्वप्न रँग दिए,
कल देखोगे !
कोकिल कंठ में
नयी झंकार भर दी
कल सुनोगे !

ये तितलियों के पंख
वन परियों को दे दो;
चेतने,
तुम्हारी शोभा
विदेह चाँदनी है,
अपना ही परिधान !

धरती अब
लट्टू सी घूमती है
तो क्या ?
हम बड़े हो गए !

पर्वतों की बड़ी बड़ी उमंगें
अँगूठे के बल खड़ी
शांत, मौन, स्थिर हैं !

समतल दृष्टि

समूची पृथ्वी न देख पाई थी,—
ऊपर के प्रकाश से
समाधान हो गया !

अब पंकस्थल पर भी चलें
तो ऊपर की दृष्टि
डूबने न देगी !

प्रेम

मैंने
गुलाब की
मौन शोभा को देखा !

उससे विनती की
तुम अपनी
अनिमेष सुषमा की
शुभ्र गहराइयों का रहस्य
मेरे मन की आँखों में
खोलो !

मैं अवाक् रह गया !
वह सजीव प्रेम था !

मैंने सूँघा,
वह उन्मुक्त प्रेम था !
मेरा हृदय
असीम माधुर्य से भर गया !

मैंने
गुलाब को
ओंठों से लगाया !
उसका सौकुमार्य
शुभ्र अशरीरी प्रेम था !

मैं गुलाब की
अक्षय शोभा को
निहारता रह गया !

यज्ञ

यह ज्योति दुग्ध है,
शुभ्र, तैल धारवत्,
जो शील है,
अमृत !

ओ मुग्धाओ,
ओ शोभाओ,
अपना तारुण्य अर्पित करो
रचना मंगल को !

यह मानवता का यज्ञ है,
मानव प्रेम का यज्ञ !
तुम्हारे कोमल अंग
समिधा हों !
लावण्य घृत हो,
प्रेम,—प्रेरणा,
मंत्र !

रस यज्ञ है यह !
नील विहग
रक्त किसलय
स्वर्ण हंस
फूल निर्झर—

सब आहुति हों,
पूर्णाहुति !
छाया जल जाय,
नारी शेष रहे !

मानस यज्ञ यह,
भाव यज्ञ !
श्रद्धा, आस्था
लौ उठे !
मन का मानव जगे !
स्वर्ण चेतन
अमृत पुरुष,
रस मनुष्य !

वह प्रकाशों का प्रकाश है,
स्वर्ग रश्मि,
भू प्रदीप !

ओ छायाओ,
मायाओ,
ओ कायाओ,
आहुति बनो,
पूर्णाहुति !

अंतर्मानस

आ:, यह माणिक सरोवर,
रजत हरित, अमृत जल
अरुण सरोवर !

नव सूर्योदय हुआ,—
अंत: तृष्णाओं के
रेशमी कुहासे
छँट गए,
देह लाज मान
मिट गए !

आ:, यह उज्ज्वल लावण्य,
रस शुभ्र जल !
ज्ञान ध्यान डूब गए,
श्रद्धा विश्वास
उतने स्वच्छ न निकले !
समाधि ? निष्क्रिय,—
तन्मयता प्रेम मूढ़ थी !

यह माणिक मदिर आलोक
नव जागरण निकला !

देह अंधकार न थी,
अंतः सुख का पात्र बन गई;
इंद्रियाँ क्षणिक न थीं
नया बोध द्वार बन गईं;
जीवन मृत्यु न था
नयी शोभा, नयी क्षमता बन गया!

आकाश फालसई,
धरती मणि पद्म को घेर
हरित स्वर्ण हो उठी!

हृदय का अनंत यौवन,
प्राणों की स्वच्छ आग निकला—
यह रत्न ज्वाल सरोवर!

प्रतीक्षा

नया चाँद निकल आया है
अतल गहराइयों से,
समुद्र से भी अतल गहराइयों से !
स्वप्न तरी पर बैठा
स्फटिक ज्वाल,
लहरों की रुपहली लपटों से घिरा !

रात की गहराइयाँ
सूरज को निगल जाती हैं;
तभी,
चाँद बन आई
तुम्हारी स्मृति !

सभी रत्न नहीं भाते,
विष वारुणी
स्फटिक, प्रवाल
सर्प, शंख,—
अमृत स्रोतस्विनी के तट पर
बिखरी पड़ी सृष्टि !

चाँद भी—
कलंक न सही,—
उपचेतन गहराइयों का ही
प्रकाश है !
प्यास नहीं बुझा पाता !
अचेतन को
नहीं पिघला पाता !

मन के मौन शृंगों पर
सुनहले क्षितिज
नव सूर्योदय की प्रतीक्षा में हैं !

शुभ्र
अवाक्
आत्मोदय की !

गीत खग

ओ अवाक् शिखरो,
भू के वक्ष-से उभरे,
प्रकाश में कसे,—
दृष्टि तीरों-से तने,—
हृदय मत बेधो,
मर्म मत छेदो !

कौन रहश्चंद्र था
क्षितिज पर,
कैसा तमिस्र सागर ?
कब का उद्दाम ज्वार !

धरती के उपचेतन से
उन्मत्त हिल्लोलें उठ
अँगूठे के बल
खड़ी की खड़ी रह गईं !

नील गहराइयों में डूबी
मन की
अवाक् ऊँचाइयों पर
शुभ्र चापें सुन पड़ती हैं !

फालसई सोपानों पर
ललछौंहे पग धर
उषाएँ उतरती हैं !

ओ स्वर्ण हरित छायाओ,
इन सूक्ष्म चेतना सूत्रों में
मुझे मत बाँधो !
मैं गीत खग हूँ,
उड़ता हूँ,—
ज्योति जाल में
नहीं फँसूँगा !

ऊँचाइयों को
समतल में बिछा,
गहराइयों को
समजल में डुबा,
इंद्रधनुषी तिनकों का
नीड़ बसा
कलरव बरसाऊँगा,—

नील हरी छाँहों में छिप
स्वप्नों के पंख खोल
धरती को सेऊँगा !

अयुगल

ओ शाश्वत दंपति,
तुम्हारा असीम,
अक्षय
परस्पर का प्यार ही
        मेरा
        आनंद
        मंगल
        और
        चेतना का आलोक है !

पट परिवर्तन

किरणों की
सुनहली आभा में
लिपटा नील
तुम्हारा उत्तरांग
और
तरंगित सागर
मुक्ताफेन जड़ी
हरी रेशमी साड़ी पहने
तुम्हारी
कटि तक डूबी
आधी देह है !

किसे ज्ञात था,
पलक मारते ही
ओस के धुएँ के
बादल-सा
यह संसार
आँखों से ओझल हो जाएगा !
अंतर में
तुम्हीं
शेष रह जाओगी !

ओ विराट् चैतन्य
यह मैं क्या देखता हूँ

कि घर बाग पेड़
और मनुष्य
किसी अदृश्य पट में
चित्रित भर हैं !
ये वास्तविक सत्य नहीं,
मोम के पुतले भर हैं !

रथवान
अश्व को चाबुक मारता है,
वह तुम्हारी ही
पीठ पर पड़ रहा है !
और तुम
खिलखिलाकर
भीतर
हँस रहे हो !

ओ अद्वितीय,
अतुलनीय,
मैं आश्चर्य में डूबा
अवाक्
तुम्हीं में डूबा हूँ !

पारदर्शी

ओ दुग्ध श्वेत
माखन पर्वत के सूर्य,
ओ श्वेत कमलों के वन,
प्राणों के सुनहले जल,—
तुम्हारे सूक्ष्म कोमल
उरोज मांसल प्रकाश ने
मुझे घेर लिया !

तुम्हारी आभा
गुह्य सौरभ है—
जिसने मेरी इंद्रियों को
लपेट लिया !
तुम्हारे अनंत यौवन की सुरा पी
मेरा मन
तीनों अवस्थाओं के परे
जाग उठा !

मेरी कामना की आग में
डूब कर
तुम चाँद बन गए हो !

और
निशाओं के
उभरे नील उरोजों से
भ्रमर-से चिपक गए हो !

मैंने तुम्हारे लिए
स्वप्नों का मौन
मधु कुंज बनाया है,—
ओ विद्युत् अनल,
तुम प्रीति सौम्य बनकर
मानवीय रूप ग्रहण करो !

तुम मानव के
अंतर में छिपे प्रकाश के
माध्यम बन सको,
वह अधिक चेतन
अधिक पारदर्शी है !

अमृत

मैं सूर्य की किरणें डुहूँ
तुम चाँद की !
मैं तुम्हें प्रकाश दूँ
तुम प्यार !

मैं उच्च पर्वत शिखरों से
बोलूँ—
जहाँ पौ फटने के पहिले
फालसई नीलिमाओं के कुंज में
उषा की सलज लालिमा में लिपटी
श्वेत कमल कली सी
शांति, मौन सोई है !

तुम सागर की गहराइयों से गाना,
जहाँ फेनों के मोती उगलती
लहरों पर
रुपहली चंद्र ज्वाल तरी का
मोहित गवाक्ष खोले
रत्नों की सतरँग छाया में लिपटी

स्वप्न पंख
भावना अप्सरी रहती है,
अनिमेष शोभा में जगी !

समुद्र तल में अनेक रत्न हैं,
जिनके मूल रंग
और आदि ज्योति
ऊपर की अमलताओं में—
हीरक झरनों के सूतों सी
दमकतीं
सूर्य किरणों में हैं !

चंद्रमा का
शुभ्र पीत पावक भी
सूर्य प्रकाश का ही
नवनीत है !

सूर्य चंद्र
सत्य ही के वत्स हैं—
शांति और शोभा
श्रद्धा और भक्ति
उसी की धेनुएँ हैं !
ये किरणें भी
कामधेनु हैं,—
जिनके स्तनों से
धारोष्ण प्रकाश
मधुशीत अमृत
बहता है !

ओ आनंद,
प्रेम सत्य ही का दुग्ध है,
जिसे पीकर
सूर्य चंद्र पलते हैं !
वही
प्रकाश और अमृत है !

कोंपलें

आज कोई काम नहीं,—
सोने के तार सा खिंचा
प्यारा दिन है !
कल—
गुलाबों में
काट छाँट की थी,
तब से
आँखों के सामने
नयी नयी कोंपलें
फूट रही हैं !—
ललछौहीं कोंपलें
स्वप्न भरी
रतनार चितवन सी,
शुभ्र पीत चिनगियों सी,—
लपटों के पग धर
नयी पीढ़ी बढ़ रही है !
ज्यों ही आँखें मूँदता हूँ
कोंपलें केवल कोंपलें,...
रेशमी मूँगी कोंपलें,
रुपहले सुनहले इंगितों सी
बरस पड़ती हैं !

ओ सृजन उन्मेष,
मन ने बहुत काट छाँट की,
पुराने ठूँठ उखाड़े,
रद्दी जड़ें खोदीं
भद्दी डालियाँ
काटीं तरासीं,—

इधर उधर
कला शिल्प के हाथों से
भाव बोध के स्पर्शों से
सहस्रों नये बसंत सँवारे !

अभी असंख्य शरदों को
अपने अंग
पावक में नहला कर
रूप ग्रहण करना है !

आज मुझे
नये स्वप्न
नये जागरण
नये चैतन्य की कोंपलें
दिखाई देती हैं !
सर्वत्र
कोंपलें ही कोंपलें
आँखों के सामने
भाव भरा मुख
स्वप्न भरी चितवन
खोल रही हैं !

प्रबोध

यह गौर मांस सरोवर
जिसमें मैं कूद गया हूँ!
इसमें स्वर्ण हंस हैं,
शुभ्र-अरुण कमल!

ओ शोभा पावक के कुंड,
तुम कितने शीतल हो!
तुम्हारा अमृत पीकर
मेरे तन मन प्राण तृप्त हो गए—
मधुर अमृत पीकर!

उन्मत्त भावना हिलोरें
मुझे घेरे हुए हैं,
मैं तन्मय,
उनके इच्छाकुल आलिंगन में
बँध गया हूँ,—
फूल मालाओं की लहरों के
आनंद पाश में!

स्वप्नों की गहराइयाँ
मुझे अपनी ओर खींचती हैं!—
इन अतलताओं का सुख
मन को मूर्छित कर देता है!

ओ अनाम सौरभ
अश्रुत संगीत
अनुपम सौन्दर्य के देश,

इस नीरव शांति के
अतल सिन्धु से
मैं सर्वांग पूर्ण होकर
निकलूँगा !
संपूर्ण होकर !

मुझे
नील कुहासे में खोई
धरती पर चलना है ! —
हरे अँधेरे में लिपटी
धरती पर !

पादपीठ

तुम
किरणों के मुक्ताभ प्यालों में
सुनहली हाला लाई हो !—
मेरा हृदय
शुभ्र पद्म सा खिल उठा है !
उसमें चंद्रकला नें
अंतः प्रेम का
रुपहला नीड़ बना लिया है !
पिघली आग सी हाला
नहीं पीएगी
वह, अमृत पीती है !

ओ सुनहली किरणों,
तुम्हारा स्वागत करता हूँ,
तुम ज्ञान नील गवाक्ष से
मुझ पर बरसती रहो !

यह हीर रश्मि
चंद्रकला
परात्पर ज्योति है !
उसे मेरी
अंतर रचना करने दो,
वह अनन्य प्रेयसी है !

तुम
अपने वैश्व ऐश्वर्य से
मेरे तन मन सँवारो,—

तुम्हारे स्वर्णिम पंखों पर
मैं अनंत शोभाओं के
निःसीम प्रसारों में विचरण करूँ !
नव प्रभात का दूत बन सकूँ !

यह शुभ्र चंद्रकला
रजत पावक का कुंड है !
अचेतन काले सिन्धु में
इसकी असंख्य लपटें
कूद पड़ी हैं !

प्रेम, आनंद और रस का रूप
बदल गया है !

हृदय
शांति की स्वच्छ अतलताओं में
लीन होता जा रहा है !
विश्व कहाँ खो गया है !
देश काल ? जन्म मरण ?

ओ चंद्रकले,
केवल अमृतत्व ही अमृतत्व
अनिर्वचनीय
अस्तित्व ही अस्तित्व
शेष है !
मेरी पाद पीठ
अंधकार है,
जहाँ तुझे
खड़ा रहना है !

भाव रूप

अप्सराएँ ! —
हिम कलशों पर
साँझ प्रात
मूँगी लाली,—
सात लपटों वाली
इंद्रधनुष छाया,—

हेम गौर
स्वप्न चरण चाँदनी की
रूप हीन शोभा,—
तितली, जुगनूँ
हिलोर,—
ओस,
अप्सराएँ !

लीला, लावण्य,
तनिमा,—
अजान चितवन
निश्छल भंगिमा,
अदृश्य रोमांच ,—

आशा, लज्जा,
सज्जा ,—
अप्सराएँ !

ओ सुर सुंदरियो,
सुर बालाओ,
इस रूप ज्वाला की देह को
प्राणों की धूपछाँह में
नहलाओ,
डुबाओ,—
यह धरती की हँसमुख सहेली,
उसका सौंधा पराग है !

हंसों की पीठ पर
कमलों का कनक मरंद
बिखरा है,
सीप की हथेली में
सुनहला मोती हँस रहा,
लहरों के धड़कते वक्ष:स्थल पर
रुपहले अंगार सा
चाँद ऊब डूब कर रहा है !

ओ भाव देही

अनंत यौवनाओ,
यह मृणाल तंतु है,
पागल आशा का सेतु !—
इसी से आओ जाओ !

अभी मानव चेतना में
किरणों का तोरण
नहीं खुला,—
जिससे स्वर्ग सुषमा
अगुंठित
अभिसार कर सके !

विकास

नीली नीहारिकाएँ
शिखरों की हैं,
हरीतिमाएँ
घाटियों की ! —

जिनके आर पार
रश्मि छाया सेतु बाँध
तुम आती जाती हो !

अंतः सौरभ से खिंच
भौंरों की भीड़
तुम्हें घेरे
गूँजती रहती है !

और
ये सदियों के खंडहर हैं !
जहाँ देह मन प्राण
बासी अंधकार की सड़ाँध में
दिवांधों-से
औंधे मुँह लटके हैं !

झिल्लियों की सेना
अंतर पुकार को रौंद
चीत्कार भरती हैं !

एक दिन में
मीनारें मेहराबें
कैसे उग आएँगी ?—
कि रश्मि रेखाओं से
दीपित की जा सकें !
हैं ऐसे विद्युद्दीप
मन का अंधकार
मिटा सकें ?

ओ विज्ञान,
देह भले ही
वायुयान में उड़े,
मन अभी
ठेले, बैलगाड़ी पर ही
धक्के खाता है !

हाय री, रूढ़िप्रिय
जड़ते,
तेरी पशुओं की सी
साशंक, त्रस्त चितवन देख
दया आती है !

वर्जनाएँ

तुम स्वर्ण हरित अंधकार में
लपेट कर
कई रेंगने वाली
इच्छाएँ ले आते हो,
जिन की रीढ़
उठ नहीं सकती !

इनका क्या होगा
मैं नहीं जानता !
पिटारी खोलते ही
टेढ़े मेढ़े साँपों सी
ये
धरती भर में
फैल जाती हैं !

कौन शक्ति इन्हें बाँधेगी ?
कौन कला समझाएगी,
कौन शोभा अलंकृत करेगी ?
ये मधु-तिक्त ज्वलित-शीत
वर्जनाएँ हैं !—
जो अब मुक्त हो रही हैं !

तुम्हारी सुनहली अलकों की
ये फूल माल बनेंगी,
इनकी मादन गंध पीकर
मृत्यु जी उठेगी !

तुम स्वर्ण हरित अंधकार में
लपेट कर
अमृत के स्रोत
ले आये थे,

जो हृदय शिराएँ बन
समस्त अस्तित्व में
नवीन रक्त
संचार कर रही हैं !

घर

समुद्र की
सीत्कार भरतीं
आसुरी आँधियों के बीच
वज्र की चट्टान पर
सीना ताने
यह किसका घर है ?
सुदूर दीप स्तंभ से
ज्योति प्रपात बरसाता हुआ !...
या जलपोत है ?

नाथुनों से फेन उगलतीं
अजगर तरंगें
सहस्र फन फैलाए
इसे चारों ओर घेरे
फूत्कार कर रही हैं !
उनकी नाड़ियों में
लालसा का कालकूट
दौड़ रहा है !

वे अतृप्ति की
ऐंठती रस्सियों सी
इसे कसे हैं !

इस निर्जन
स्फटिक स्वच्छ मंदिर के
मुक्ताभ कक्ष में
कल रात चाँद
चाँदनी के सँग
सोया था !
किरणों की बाँहों में
चंदिरा की
अनावृत ज्वाला को
लिपटाए !

तब
लहरों के फेनिल फनों में
स्वप्नों की मणियाँ
दमक रही थीं !

सबेरे
इसी मंदिर के अजिर में
अरुणोदय हुआ !
रक्त मदिरा पिए !

रात और प्रभात
पाहुन भर थे !—
यह धरती का घर है,—
(आकाश मंदिर नहीं !)
हरिताभ शांति में
निमज्जित !

सिन्धु तरंगें
पंक सनी टाँगों से बहती
धरा योनि की दुर्गंध
धो धोकर
कड़ुवाती
मुँह बिचकाती,
पछाड़ खाती रहती हैं !

यह धरती पुत्र
किसान का घर है,—
द्वार पर
पीतल के चमचमाते
जल भरे कलस लिये,
सिर पर आँचल दिये,
युवती बहू खड़ी है,—
अनंत यौवना
बहू !

दंतकथा

पुरानी ही दुनिया अच्छी
पुरानी ही दुनिया !

नदी में कमल बह रहे—
कहाँ से आ रहे ?

किनारे किनारे
स्रोत की ओर
जाते···जाते···देखा,

नदी के बीच
रंगीन भँवर पड़ा है ;—
उसी से फुहार की तरह
कमल बरस रहे हैं !

हाय रे, गोरी की नाभि-से भँवर !
पास जाते ही
भँवर ने लील लिया !—
वह परियों के महल का
द्वार था !

परियाँ खिलखिला कर
हँसीं !—
भौंहों के संकेत से कहा,
राजकुमारी से व्याह करो !

परियों की राजकुमारी
नत चितवन
मुसकुरा दी !
उसके जूड़े में
वैसा ही कमल था !

पुरानी ही दुनिया अच्छी ,
पुरानी ही दुनिया !

वह सीधा था,
हृदय में दया थी !
झाड़ फूँस की कुटी,—
भगवान परीक्षा लेने आए !
भस्म रमाए, झोली लटकाए ,—
उन्होंने हाथ फैलाए
भीख माँगी !
मुट्ठी भर अन्न पाकर
चुपके ,
वरदान दे गए !…
झाड़ पात की कुटी
सोने का महल बन गई !
द्वारपाल चँवर डुला रहे हैं,—

बुढ़िया ब्राह्मणी
नवयुवती बन गई,
शची सा श्रृंगार किए है !

पुरानी ही दुनिया अच्छी,
पुरानी ही दुनिया !

एक थी स्त्री, एक था पुरुष,
दोनों प्रेम डोर में बँधे,
सच्चे प्रेमी प्रेमिका थे !
मंदिर के अजिर में पड़े रहते,
देवी का प्रसाद पाते !

दोनों एक साथ मरे !—
मर कर
हरे भरे लंबे
पेड़ बन गए !

अब
दोनों धूपछाँह में
आँखमिचौनी खेलते,
दिन भर पत्तों के ओंठ हिला
गुपचुप
बातें करते !

वसंत में कोयल पूछती,
कूहू, कूहू,
कौन है, कौन है ?

बरसात में
  पपीहा उत्तर देता,
    पिऊ पिऊ,
प्रिय हूँ, प्रिय हूँ !

पुरानी ही दुनिया अच्छी,
सच,
  पुरानी ही दुनिया !

बिम्ब

तुम रति की भौं हो
कि काम का धनु खंड ?
ओ चाँद,
यह रेशमी आशा बंध
तुम्हीं ने बुना !
जिसमें
किरणों के असंख्य रंग
उभर आए हैं !

ओ प्यार के टूटे दर्पण,
तुम्हारा खंड खंड पूर्ण है !
जिसमें अपूर्ण भी
संपूर्ण दिखाई देता है ।
यह कौन सी आग है
माखन सी कोमल,
स्तन सी मांसल !
इसमें जलना ही
सोना बनना है !

विरह का गरल
अमृत बन
कब का शिव हो गया,—
तुम्हारा शशि सा पद नख
भाल पर धारण कर !

लाल फूलों की लौ—
मेरी लालसा—
जीभ चटकारती है !
निर्जन में लेटी चाँदनी
तुम्हारी ओर ताकती है !
तुम्हारी सात्विक सुधा
प्राणों की समस्त ज्वाला
पी लेती है !

ओ अमृत घट,
ज्ञान के निःसीम नील में
सुनहले आशा के बंध के भीतर
तुम्हीं हो,—
प्यास की अनंत लहरियों में
रुपहली नाव खेने वाले
आत्म मग्न
तुम्हीं हो !—
मैं नहीं !

इंद्रिय प्रमाण

शरद के
रजत नील अंचल में
पीले गुलाबों का
सूर्यास्त
कुम्हला न जाय,—
वायु स्तब्ध...
विहग मौन !...

सूक्ष्म कनक परागों से
आदिम स्मृति सी
गूढ़ गंध
अंतर में समा गई !

जिस सूर्य मंडल में
प्रकाश
कभी अस्त नहीं होता,
उसकी यह
कैसी करुण अनुभूति,—
लीला अनुभव !

नयी नींव

ओ आत्म व्यथा के गायक,
विश्व वेदना के पहाड़ को
तिल की ओट कर,

अपने क्षुद्र तिल-से दुख का
पहाड़ बनाकर
विश्व हृदय पर
रखना चाहते हो ?

अहंता में पथराई
निजत्व की दीवार तोड़ो,
यह वज्र कपाट
तुम्हें बंदी बनाए है !

आत्म मोह के
इस घने अँधियाले
वन के पार
नये अरुणोदय के
क्षितिज खुले हैं !
जहाँ
ममता अहंता और
आत्मरति के कृमियों को
पैरों तले रौंदते—कुचलते

असंख्य चरण
श्रम स्वेद के पंक में सने—
निरंतर
आगे बढ़ रहे हैं !

ओ निजत्व के वादक,
इस अरण्य रोदन से लाभ ?
अपने पर
आँसू मत बहाओ !

अरण्य और सत्य के बीच
शांति धैर्य और निष्ठा की
दुर्भेद्य मेखला है,—

जिसके पार
तेरा रिक्त रुदन
नहीं पहुँचेगा !

वहाँ,
अपने सुख दुख भूलकर
प्रबुद्ध मानवता
सुनहले अंतरिक्षों में
नवीन
भू रचना की नींव
डाल रही है !

मूर्धन्य

ओ इस्पात के सत्य,
मनुष्य की नाड़ियों में बह,
उसके पैरों तले बिछ,—
लोहे की टोपी बन
उसके सिर पर मत चढ़ !

सिर पर
फूलों का ही मुकुट
शोभा देता है !

स्वप्नों से घर की नींव
पड़ सकती है,
इस्पात
गला कर
नहीं पिया जा सकता !
फूल ही पात्र हैं
जिनसे मधु पिया जाता है !

मैं ही हूँ वह मधु
जिसे प्रकृति ने
असंख्य फूलों से चुना है !
जिसमें सभी आकाशों का
सुनहरा मरंद है !

ओ इस्पात के तथ्य
मैं तेरा जूता पहन
दृढ़ संकल्प के चरण
बढ़ाऊँगा,—

पर तुझे
मूर्धन्य स्थान
नहीं दे सकता !
तू साधन रह,
साध्य न बन !

एकाग्रता

तुम्हारी पवित्रता
अनिर्वचनीय है,—
जिसकी अवाक् गहराइयों की
शुभ्र सीप में
सत्य—
मुक्ताभ सत्य
पलता है !

ओ प्रेम की प्रगाढ़ते,
जो अपनी तन्मयता में
मूक है !
ओ निष्ठा की तीव्रते,
जो अपनी एकाग्रता में
आत्म विस्मृत है ! —

इन अतल गहराइयों को
कैसे समतल बनाऊँ ?
इन अलंघ्य ऊँचाइयों को
कैसे समस्थल पर लाऊँ !

कि
बाहर भीतर
तुम्हीं को देखूँ—
तुम्हारी ही सन्निधि में रहूँ,—
तुम्हीं में
समाऊँ !

धर्मदान

यह प्रकाश है,
तुम इसमें क्या खोजोगे,
क्या पाओगे ?—
यह दीप
तुम्हें सौंपता हूँ !

यह अग्नि है,
तुम किन आनंदों के
यज्ञ करोगे,
किन कामनाओं की
हवि दोगे ?—
यह वेदी
तुम्हें सौंपता हूँ !

यह प्रकाश और अग्नि ही नहीं,
गति है, जीवन है,
तुम किन लोकों में
जा पाओगे ?—
यह किरण
तुम्हें सौंपता हूँ !

यह अग्नि
अंतर अनुभूति है,
तुम सत्य के स्रोत को
देख पाओगे कि नहीं ?
यह अभीप्सा
यह प्रेरणा
तुम्हें सौंपता हूँ !

सान्निध्य

तुम्हारी शोभा देख
फूलों की आँखें
अपलक रह गईं !

तुम फूलों की फूल हो,
माखन सी कोमल !—
तुम्हारे शुभ्र वक्ष में
मुँह छिपाकर
मैं
ध्यान की
तन्मय अतलताओं में
डूब जाता हूँ !

ओ कभी न खोजाने वाली,
मेरे इंद्रिय द्वारों से
तुम्हारे आनंद का
अति प्रवाह
दिगंतों के उस पार
टकराता रहता है !

मेरी शांति
तुम्हारे
केन्द्र वृंत पर
कभी न कुम्हलाने वाले
अस्तित्व की तरह
खिली है !

चाँद

चाँद ?
मैं उसे अवश्य पकड़ूँगा !
प्रेम के पिंजड़े में पालूँगा,
हृदय की डाल पर सुलाऊँगा,—
प्यार की पँखुड़ी
चाह की अँखड़ी
चाँद—
उससे
स्वप्नों का नीड़ सजाऊँगा !
तुम्हारा ही तो मुकुर है !

फूल के मुख पर
तितली सा बैठकर
वह सतरंगे पर फैलाएगा !
मैं उसे
इंद्रधनु की झूल में झुलाऊँगा,
प्यार का माखन खिलाऊँगा !
तुम्हारा ही तो मुख है !

चाँद ?
मैं उसे निश्चय चखूँगा,
फूल की हथेली पर रखूँगा,—

तुम्हारा तो प्रकाश है !
भावों से सजोऊँगा,
आँसू से धोऊँगा !
तुम्हारी तो शोभा है !

पत्तों के अंतराल से
अलकों के जाल से
मैं चाँद को
अवश्य पकड़ूँगा !

दृष्टि नीलिमा में,
रूप चाँदनी में बखेरूँगा,
तुम्हारा तो बोध है !

भाव पथ

शपथ !—
अशुभ न करूँगा,
असुंदर न वरूँगा,
तुम मुरझा जाती हो !

ओ भावना सखी,
तुमने मुझ पर
सर्वस्व
वार दिया !—
मैं दूसरों पर निछावर हो सकूँ !
प्रीति चेतने,
जीवन सौन्दर्य
तुम्हारी छाया है !
बिना स्पर्श
निर्जीव, निष्प्राण
हो उठता !

रिक्त गुंठन है
स्त्री की शोभा,
रूप का झाग !
मैं उससे न बोलूँगा,
न छूऊँगा,—
वह देह बोध ही बनी रही तो !

पथ रोध है
देह बोध,
भूत बाधा !

ओ प्राण सखी,
स्वप्न सखी,
तुम्हारा लावण्य,—
अमृत निर्झर
उतरता है
चंद्र किरण
रथ से !
बिना छुए
रोमांच हो उठता,
बिना बोले
मन समझ लेता है !

अदृश्य स्थल है यह,
गुह्य कुंज,
गंध वन,—
जहाँ मिलते हैं हम !

शाश्वत वसंत…
अनंत तारुण्य…
अनिन्द्य सौन्दर्य…
पहरा देते हैं यहाँ !

प्रकाश

सुनहली
धान की बाली सी
दीप शिखाएँ
अँधियाली के वृंत पर काँपतीं,—
क्या जानें ?

हीरक सकोरों में
आलोक छटाएँ
स्वप्न शीश
इंद्रधनुष सी सुलगीं—
उनकी गूढ़ कथा है !

जिसने सूर्य ही का मुख ताका
इन्हें न पहचानेगा !
इनका प्रकाश
उस अँधेरे को हरता है
जिसे सूरज नहीं हरता !

कितने ही प्रकाश हैं !—
दूध के झाग सा
रूई के सूत सा
उजियाला
सब से साधारण !

मन की स्नेह ज्योति
अँधेरे को बिना मिटाए
सोना बनाती है,—
वह भी प्रकाश है !

अंधकार के पार
प्रकाश के हृदय में
जो लौ जलती है,—
अनिमेष,
ध्यान मौन,—
वह बिना देखे
सब कुछ समझती है !

कालातीत

ये नीरव नीलिमा घाटियाँ
स्वप्नों की हैं !
जहाँ शोभा चलती है
अशरीरी ! —
आनंद निर्झरी सी
हीरक रव !

यहाँ शांति की
स्वच्छ सरसी में
प्रीति नहाती है,
सुनहला परिधान खिसका
मुक्ति में डूबी !

असीम का स्वभाव,—
वह शोभा की
नयन नीलिमा में बँधा
असीम ही रहता ! —
सरसी में सोया भी !
अनिमेष दृष्टि का अवाक् क्षण
शाश्वत अनुभूति है !

ये नीलिमा घाटियाँ हैं
कालातीत--
जहाँ अशरीरी शोभा
रहती,
दृष्टि परिधान हटा
आत्म मग्न,
ज्योति नग्न !

अंतःस्थित

मुझे ज्ञात है,
तुम
जो नवीन दिगंतों में
स्वर्णिम प्रभात हो,
तुम्हीं
मेरे मानस में
शुभ्र पद्म कली बन
खिली हो !

मेरी
हृदय की दृष्टि
तुम्हें अपलक
निहारती रहे !

वह-मैं

जीवन है,
तन है, मन है,
इनसे भी गहरा है
एक-है,
हीरक-है,
रश्मि-है !

देह,
व्यक्ति,
समाज,—
इन वस्त्रों को उतारो,
मेरे स्वप्न कक्ष में
अपने को सँवारो !
तुम्हें नग्न देखना चाहता हूँ,—
शब्दों से
भावों से
सूक्ष्म है
वह-है !

शुभ्र, शुद्ध,
अचिह्न अविद्ध,—
अपने को नए रूप से निखारो,
अपने को अपने में निहारो,—
हृदय कक्ष में है
वह दर्पण !

शतियों में लिपटी हो,
धूलि में, गंध में,
रूप में, छंद में,—

इतिहास
दर्शन
विज्ञान,—

इनसे परे हो तुम,
परे हूँ मैं
तुम और मैं !—
काल शून्य है
वह-है,
वह-तुम,
वह-मैं !

जीवन बोध

इन इंद्रनील आरोहों पर
अविराम बजनेवाली
रूपहली घंटियों के नीरव स्वर
यदि न सुनाई पड़ते हों,

दुग्ध फेन भापों में छिपी
अमृत स्रोतों सी सरकती
चाँद की किरणें
न दिखाई देती हों,—

इन नीहार-नील ऊँचाइयों में खोए
अदृश्य शिखरों पर
मुक्ताभ सोपानों से उतरती अप्सरियाँ
यदि मध्यवर्ती छाया पथ में
रुक जाती हों—

विद्युत् पंख विहग
ज्योति की रक्ताभ खोहों में
खो जाते हों—
और
रूई के झाग-से मेमने
उन अवाक् नीलिमाओं में
न चढ़ पाते हों,—

तो,

मैं अपने श्रद्धा मौन गीतों का
ध्यान पथ से
वहाँ भेजूँगा !
उनके अभीप्सा के पंख,
उन्हें अवश्य छू पाएँगे !

वहाँ शुभ्र ऊँची वायुएँ
इंद्रधनुष पालनों में
सहस्रों नयी उगी
शशि कलाओं को
झुलाती हैं,—

वहाँ अज्ञात गंध
घ्राणेन्द्रिय को मूर्छित कर
माणिक सुरा सी
प्राणों में भर जाती है—

मोतियों के झरनों में लटके
अनेक स्वप्न दूत
सीप के मुक्ता स्मित पंख फैलाए
निःस्वर उच्छ्रायों में
मँडराते हैं,—

मैं, उन आरोहों को
प्राणों की हरी गहराइयों में उलट
नये जीवन बोध की फसल
उगाऊँगा !

ए अरुणोदय के रक्तमुख सूर्य,
उषाओं के हेम गौर
स्वप्न शिखर वक्षों में
मुँह छिपाए न रहो,
चंद्रमुखी
सलज्ज संध्या को
बाँहों में समेटे
अनुराग भरे प्रवाल कुंजों में
सोने मत जाओ,—

आज बौना दिवा पुरुष
श्यामा रजनी की
अचेतन गहराइयों में डूबकर
आत्म विस्मृति में
खोजाना चाहता है !

ओ महानील के प्रहरी कवि,
प्रभात तारक बन
जगो,
स्वप्न शुभ्र प्रकाश लपटों में
मनोदैन्य को भस्म करो !

ओ तरुण कवि,
कल के सूर्य,
कुहासों के आरोहों से
बाहर निकल

नये विश्वास का
कनक मंडल क्षितिज
प्रस्तुत करो,
नयी आस्था की
उर्वर भूमि,—

मैं गीतों के
सूप-से पंख फैलाकर
प्रीति ध्वज, शोभा प्ररोह
नये प्राण बीज बोऊँगा,—
जिनके मूल
अनवगाहित
चैतन्य की गहराइयों में
फैलेंगे !

कीर्ति

किसी एक की नहीं
यह कीर्ति,
समस्त मानवता की है !
पूर्व पश्चिम से मुक्त
जन भू की प्रतिभू
मानवता की !

शस्य बालियों भरी,
आम्र मंजरियों सजी—
मुकुट नहीं कीर्ति,
मन की
व्यक्तित्व की
विभा है !

कोयल कूक रही !
तरु लता वन में
तरुण रुधिर दौड़ रहा !
किरणों से अनुराग
सुनहला पराग
बरस रहा !

सृजन क्रांति यह,
रचना रूपांतर!
जीवन शोभा का सिन्धु
हिल्लोलित हो उठा,
दृगों को नयी दृष्टि
कानों को अर्थ बोध के
नये स्वर मिल गए!

ओ नयी आग,
बाहुओं वक्षों में
जघनों योनियों में
नया आनंद कूद रहा!
भाल से, भ्रुवों से
कपोलों अधरों से
नया लावण्य निखर रहा!

ओ शुभ्र शक्तिमत्ते,
रस की नयी चेतने,
व्यक्ति तुम्हें बंदी नहीं बना सकेगा,
ममता कलुषित नहीं करेगी!

तुम नयी शक्ति, नयी वेदना,
शील स्वच्छ
नयी सामाजिकता हो!
रक्त मांस की
सुनहली शिखा,
नयी प्राणेच्छा
प्रणयेच्छा बन
नयी एकता, नये बोध के

प्राण बीज बो
नव यौवन आग भरी
भू जीवन अनुराग हरी
मानवता की सौम्य पीढ़ी
उपजाएगी !

नयी मानसिकता की धात्री,
रचना मंगल का
स्वर्णिम तोरण बनेगी !

उसी मानवता की है
विश्व कीर्ति,
स्वप्न बालियों भरी
गीत मंजरियों गुँथी !

आनंद

इंद्रियाँ
सीमाओं में बँधी
उसका पूर्णतः
अनुभव न कर सकीं;

वाणी
कला से सधी
उसे संपूर्ण
अभिव्यक्ति न दे सकी !

आनंद
निखर कर
मेरे हृदय में समा गया !
और
स्वर्ग पद्म तुल्य
अपने समग्र सौन्दर्य में
खिल उठा !

उपस्थिति

किन अगोचर शिखरों से
ये सुधा स्रोत
हृदय में झरते हैं !

तुम्हारी शांति
स्फटिक पर्वत सी,
अडिग,—

तुम्हारा आनंद
क्षीर सिन्धु सा तरंग हीन,
तुम्हारा सौन्दर्य
सौम्य,
आत्म विस्मृत अवाक् !

कितने प्रकाश पर्वत
अंधकार घाटियाँ
पार कर
तुम्हारे निकट आ सका हूँ,
तुम्हारा
अकलुष स्पर्श
पा सका हूँ !

ओ अंतश्चेतने,
मानवता
तुम्हारी व्यापक पवित्रता में
तुम्हारी उपस्थिति की
अविराम सुधा वृष्टि में
स्नान कर
स्वच्छ
समग्र बन सके !

भाव

चंद्रमा
मेरा यज्ञ कुंड है,
शोभा के हाथ
हवि अर्पित करते हैं !

भावना कल्पना
स्वप्न प्रेरणा—
सभी चरु हैं,
समिधा हैं,
आहुति हैं !

ओ आनंद की लपटो,
उठो !
ओ प्रीति, ओ प्रकाश,
जगो !

यह सौन्दर्य यज्ञ है,
कला यज्ञ !
शांति ही होती है !

आत्मा
इंद्रियों की
रुपहली लपटों का
अमृत पान कर रही है !

प्राणों की
स्वत: जलने वाली समित्
जल जल उठती है !
अवचेतन की गुहाएँ
ओषधियों से दीप्त हैं !

यहसूक्ष्म यज्ञ है,
भाव यज्ञ !
चंद्रमा ही
यज्ञ वेदी है !

भावावेश

अकारण
शुभ्र प्रेम ही को
ढाल दिया तुमने
अपनी अमूर्त शोभा,
अमूर्त आनंद में !

जब मैं
अमूर्तता
निराकारता के
मुख का गुंठन
खोलता हूँ—
अपनी नग्न
गुण नग्न
चंपई आभा में घिरे
तुम्हीं मुझे दीखते हो !

ओ रुपहले सौरभ घन,
किस गूढ़ सुगंध की
घनीभूत ढली है
तुम्हारी देह ?

भावावेश में
जब हृदय
गहरी साँस लेता है,
तुम उड़कर
उसी में समा जाते हो !

ओ मेरे
सहस्रों रोओं में प्ररोहित
मधुरतम
प्रेम !

अवरोहण

मेरी दुर्बल इंद्रियाँ
तुम्हारे आनंद का उत्पात
नहीं सहेंगी,—
उन्हें वज्र का बनाओ !

तुम्हारा आनंद
समुद्री अतिवात है,
मेरे रोम रोम
दिशाओं में शुभ्र अट्टहास भर
जग की सीमा से टकराकर
मंथित हो उठते हैं ।

मन के समस्त दुर्ग
यम नियम की दीवारें
टूट कर
छिन्न भिन्न हो गईं !

तुम्हारे उन्मत्त शक्तिपात की
रति क्रीड़ा के लिए
मेरी कोमल तृणों की देह
लोट पोट हो
बिछ बिछ जाती है !

तुम कामोन्मत्त
प्रेमोन्मत्त पगों से
उसे रौंद कर
जीवन विह्वल
बना देते हो !

सौ सौ अग्नि लपटों में उठ
मेरी चेतना
सजग हो उठती है !
तुम्हारा विद्युत् आनंद
भाव प्रलय मचाकर
नयी सृष्टि करता है !

रक्षित

तुम संयुक्त हो ?

फूल के कटोरों का मधु
मधुपायी पी गये
तो, पीने दो उन्हें !

नया वसंत
कल नये कटोरों में
नया आसव ढालेगा !

तुम्हारी देह का लावण्य
यदि इंद्रिय तृष्णा
पी गई हो
तो, छक कर पी लेने दो !
आत्मा के दूत
कल, नये क्षितिजों का सौन्दर्य
आँखों के सामने
खोलेंगे !

प्रेम
देह मन में सीमित,—
वियोगानल में
जल रहा हो,
जलने दो,—

वह सोने सा तपकर
नवीन कारुण्य
नवीन मांगल्य के
ऐश्वर्यों में
विकसित होगा !

तुम संयुक्त हो न !

नया देश

ओ अन्धकार के
सुनहले पर्वत,
जिसने अभी
पंख मारना नहीं सीखा,—

जो मानस अतलताओं में
मैनाक की तरह पैठा है,
जिसमें स्वर्ग की
सैकड़ों गहराइयाँ
डूब गई हैं !

मैं आज
तुम्हारे ही शिखर से
बोल रहा हूँ !—

तुम, जिससे
स्वप्न देही
शंख गौर ज्योत्स्नाएँ—
कनक तन्वी
अहरह काँपती
विद्युल्लताएँ...

भावी रंभा उर्वशियों सी
फूल बाँह डाले
आनंद कलश सटाए
लिपटी हैं,—

ओ अवचेतन सम्राट्,
यह नया प्रभात
शुभ्र रश्मि मुकुट बन
तुम्हारे ही शिखर पर
उतरा है !

तुम सत्य के
नये इंद्रासन हो !

यह नाग लोक का
चितकबरा अंधकार
तुम्हारा रथ है !

शची
रक्त पद्म पात्र में
अनंत यौवन मदिरा लिए
खड़ी है !
रंभा मेनका
उसीकी परछाईं हैं !

ओ हेम दंड नृप
तुम विष्णु के अग्रज हो,—
यह आनंद पर्व है,
अपने द्वार खोलो !

इन नील हरी
पेरोज घाटियों में
फालसई मूँगिया प्रकाश
छन कर आ रहा है !

मयूर
रत्नच्छाय बर्हभार खोले हैं !
मोनाल डफिए
अँगड़ाई लेकर
पंखों का इंद्रधनुषी ऐश्वर्य
बरसा रहे हैं,—

एक नया नगर ही बस गया है ! —
ओ मुक्ताभ,
यह नया देश, नया ग्राम
तुम्हारी राजधानी है !
हृदय सिंहासन
ग्रहण करो !

रहस्य

इन रजत नील ऊँचाइयों पर
सब मूल्य, सब विचार
खो गए !

यहाँ के शुभ्र रक्ताभ
प्रसारों में
मन बुद्धि लीन हो गए !

तुम आती भी हो
तो अनाम अरूप गंध बन कर,
स्वर्णिम परागों में लिपटी
आनंद सौन्दर्य का
ऐश्वर्य बरसाती हुई !

ओ रचने,
तुम्हारे लिए कहाँ से
ध्वनि, छंद लाऊँ ?
कहाँ से शब्द, भाव लाऊँ ?

सब बिचार, सब मूल्य
सब आदर्श लय हो गए !

केवल
शब्दहीन संगीत
तन्मय रस,—
प्रेम, प्रकाश और प्रतीति !

कहाँ पाऊँ रूपक,
अलंकरण, कथा ?
ओ कविते,
ये मन के पार के
पवित्र भुवन हैं,—

यहाँ रूप रस गंध स्पर्श से परे
अवाक् ऊँचाइयों
असीम प्रसारों
अतल गहराइयों में
केवल
अगम शांति है !
अरूप लावण्य,
अकूल आनंद,
प्रेम का
अभेद्य रहस्य !

सूर्य मन

लज्जा नम्र
भाव लीन
तुम अरुणोदय की
अर्ध नत
शुभ्र पद्म कली सी
लगती हो !

ओ मानस सुषमे,
प्रभात से पूर्व का
यह घन कोमल अंधकार
तुम्हारा कुंतल जाल सा
मुझे घेरे है !

सामने
प्रकाश के
पर्वत पर पर्वत
खड़े है !—
उनकी ऊँची से ऊँची
चोटियों के फूलों का मधु
मेरा गीत भ्रमर
चख चुका है !

अब,
मन
तुम्हारी शोभा का प्रेमी है,
तुम्हारे चरण कमलों का मधु पीकर
आत्म विस्मृत हो
वह गुंजरण करना
भूल जाना चाहता है !

मन का गुंजरण
थम जाने पर
तुम्हारा शुभ्र संगीत
स्वतः सूर्यवत्
प्रकाशित हो !

समर्पण

ओ शुभ्रे,
तुम अंतः प्रकाश में डूबी
शरद मेघ हो,
तुम्हारे ध्यान मौन
आलोक का स्पर्श पा
आत्म ज्ञान
विस्मृत हो जाता है !

नील
दृष्टि शून्य था,
तुम्हारी आँखों में समाकर
सर्वदर्शी बन गया !
तुम्हारे कपोलों में
स्वर्ग शोभा
मुख देखकर
लज्जित हो उठती है !

भ्रमरों की मसृण गुंजारों से
कुंतल
तुम्हारा आनन
घेरे रहते हैं ! —

जिनके सुनहले तिमिर वन में
उषाएँ विलास करती हैं !

मणि सरोवर
अधरों का अमृत
हृदय को
रस शुद्ध कर देता है !
आनंद शिखर
उरोजों को छू
देह ज्ञान छूट जाता है !

तुम्हारी योनि
अतल हरित सिन्धु है,
जिसमें विश्व रस मग्न है !
चंपक जघन
प्रेम के शोभा निर्झर हैं,
जिनसे प्रेरणाओं की तड़ित्
लिपटी हैं !

तुम्हारे रश्मि चरण
धरती के अंधकार में
प्रकाश सृष्टि करते हैं—
जिन्हें देख
दृष्टि अपलक
हृदय पद्म
निछावर कर देती है !

एक

नील हरित प्रसारों में
रंगों के धब्बों का
चटकीला प्रभाव है,—

शुभ्र प्रकाश
अंतर्हित हो गया !

सूरज, चाँद और मन
प्रकाश के टुकड़े हैं,
बहु रूप !

दर्पण के टुकड़ों में
एक ही छबि है,
अपनी छबि !

तुम्हारा प्रकाश
अनेक रूप है,
जिसका सर्व भी दर्पण नहीं !

यह इंद्रधनुष
द्रोपदी का चीर है,
इसका अशेष छोर

शुभ्र किरण थामे है—
जो हाथ नहीं आती !

शब्द चींटियों की पाँति से
चलते रहेंगे—
देश काल अनंत हैं !

तुम सीमा रहित
अस्तित्व मात्र
कौन बिन्दु हो ?—
जिसके सामने
चींटी
पर्वत-सी लगती है !

अकूल, कौन सिन्धु हो ,
अश्रु कण में भी
समा जाते हो !

शरद

श्यामल मेघ
रुपहले सूपों की तरह
सिन्धु जल की
निर्मलता बटोरकर
तुम पर उलीचते रहे !

ओ सुनहली आग,
अविराम वृष्टि से
धुलने पर
तुम्हारी दीप्ति बढ़ती गई !

ओ स्वच्छ अंगों की
शरद !
तुम्हारे लावण्य का स्पर्श
मुझसे सहा नहीं जाता !—
ओ स्वप्न गौर शोभे,
ओ शीत त्वक् अग्नि !
धुली अँधियाली के
रेशमी कुंतल,—
स्निग्ध नीलिमा नत
चितवन,
रक्त किसलय अधर
नवल मुकुलों के अंग !—

ओ गंध मुग्ध फूल देह,
दुग्ध स्नात, सौम्य
चंद्रमुख
वसंत !

तुम्हारा रूप देख
सूरज, नत मुख,
सहम गया !
उसकी रेशमी किरणें
पक्षियों के रोमिल पंखों सी
सिमट गईं !

लो,
साँझ उषाएँ
प्रसाधन लिए
द्वार पर खड़ी हैं !

ताराएँ
पलक मारना
भूल गई हैं !

ओ सुखद, वरद,
शरद !
आनंद
तुम्हारो शुभ्र सुरा पी
अवाक् है !

शंख ध्वनि

शंखध्वनि
गूँजती रहती,—
सुनाई नहीं पड़ती !

त्याग का शुभ्र प्रसार,
ध्यान की मौन गहराई,
समर्पण की
आत्म विस्मृत तन्मयता,
आवेग की
अवचनीय व्यथा
और,
प्रेम की गूढ़ तृप्ति
शंखध्वनि ,—
सुनाई नहीं पड़ती,
सुनाई नहीं पड़ती !

श्रवण गोचर ?
इंद्रिय गोचर ?
ऐसी स्थूल
कैसे हो सकती है
शंख ध्वनि ?—

गूँजती रहती,
वह
गूँजती रहती !

हे वन पर्वत, आकाश सागर,
तुम निबिड़ हो, उच्च हो,
व्यापक हो, निस्तल हो !
कहाँ है अनंत और शाश्वत ?

शंखध्वनि
अणु अणु में व्याप्त
इन सब से परे,
परे, परे,
सुनाई पड़ती,
निश्चय
सुनाई पड़ती ।

अनिर्वचनीय

ओ ज्योति वृंत पर खिले
अंधकार के
अधखिले फूल,
तुम्हीं दृश्य प्रकाश,
तुम्हीं जीवन हो !
तुम अदृश्य हो
इसी से दृश्य हो,
ओ दृश्य में अदृश्य !

तुम्हारा गंध स्पर्श पा
मन का सूनापन
गीत भ्रमर बन
गूँज उठा !

वह सुनहले केसर की
लोम हर्ष शय्या पर लेटा
गलित पावक मधु पी
रस मग्न हो गया !

शुभ्र प्रकाश, कृष्ण तम,
कनकाभा, निशीथ,
दोनों तुम्हीं हो,—

कब कौन बढ़ जाता है
ओ प्रकृति, ओ पुरुष,
नहीं कहा जा सकता !

मैंने तुम्हारे मुख पर
किरणों का जाल
डाल दिया,
हिरण्मय पात्र में बिम्बित
सत्य का मुख
ढँकने के बदले
खुल गया है !

धरती की रोम राजि
हरी है,
सिन्धु का अंचल भी !

तुम इनसे भी गहरे
प्रेम के मूक तम हो,
जिसके चरणों पर
ज्ञान लोटता है !

नया प्रेम

ओ नये प्रेम,
तुम्हारे किसलय पुटों में
जीवन मधु है,
चंपई लता वेष्टनों में
ममता की मुक्ति,—

फूलों के सरोवरों में
भौंरों की गूँज भरे
हृदय के स्वप्न,—

और,
सुनहले झरनों में
नई पीढ़ियों के लिए
यज्ञ की आग है !

तुम पिछली फूलों की बीथियों
आँसू की गलियों से होकर
मत आना,—

क्या कोई भी घर,
कोई भी आँगन

कोईं भी पथ
तुम्हारा नहीं ?
जहाँ दीप हो,
छाँह हो,
या धूल भरी थकान हो !
मैं सर्वत्र जाऊँगा !

पद

केवल
शोभा की सृष्टि करो,
चाँदनी की अलकों में
स्वप्नों का नीड़
बसा कर !

केवल
प्यार की वृद्धि करो,
साँस लेती हिलोरों पर
हेम गौर हंस मिथुन
सटा कर !

केवल
आनंद अमृत पिलाओ,
वासंती आग के दोने
किसलय पुटों का
गंधोच्छ्वास पिला कर !

केवल
चंपई चैतन्य में डुबाओ,
तन्मयता के सुनहले अतल में
स्वप्न हीन सुख में मग्न कर !

वरदान

सीमा और क्षण को
खोज कर हार गया,
कहीं नहीं मिले !

ओ निःसीम
शाश्वत,
मैं रिक्त और पूर्ण से
शून्य और सर्व से
मुक्त हो गया !

जहाँ कुछ न था,
कुछ-नहीं भी न था,
उसके गवाक्ष से
स्वतः ही
सुनहली अलकों से घिरा
तुम्हारा मुख दिखाई दिया !

तुम्हारी अमित स्मिति से
शोभा, प्रीति और आनंद
स्वयं उदित हो गए !

अकूल अतल शांति
साँस लेने लगी,
जिसके
उठते-दबते वक्ष पर
स्वर्ग मर्त्य मैत्री के
दो अमृत गौर कलश
शोभित थे !

तुम्हारे सर्वगामी
सहज स्थिर
रश्मि चरणों पर
दिशा काल
ज्ञान शून्य पड़े थे !

अव्यक्त

देह मूल्यों के नहीं
मेरे मनुष्य !
रस वृंत पर खिले,
मानस कमल हैं वे,
पंक मूल,—
आतमा के विकास !

मुक्त-दृष्टि भावों के दल
आनंद संतुलित !

कलुष नहीं छूता उन्हें,
रंग गंध वे
मधु मरंद,
गीत पंख
मनुष्य !

छंद, शब्द बँधे नहीं,
भाव, शिल्प सधे नहीं,
स्वप्न, सोए जगे नहीं !

सूरज चाँद, साँझ प्रभात ?
अधूरे उपमान !
शोभा ?
बाहरी परिधान !

रूप से परे
अंतः स्मित,
गहरे
अंतः स्थित,—
मूल्यों के मूल्य हैं
मेरे मनुष्य !

करुणा

शब्दों के कंधों पर
छंदों के बंधों पर
नहीं आना चाहता !
वे बहुत बोलते हैं !

तब ?
ध्यान के यान में
सूक्ष्म उड़ान में,
रूपहीन भावों में
तत्त्व मात्र गात्र धर
खो जाऊँ ?
अर्थ हीन प्रकाश में
लीन हो जाऊँ !
—तुम परे ही रहोगी !

नहीं,—
तुम्हीं को बुलाऊँ
शब्दों भावों में
रूपों रंगों में,
स्वप्नों चावों में,—

तुम्हीं आओ
सर्वस्व हो !
मैं न पाऊँगा
निःस्व हो !

सदानीरा

तुम्हें नहीं दीखी ?
बिना तीरों की नदी,
बिना स्रोत की
सदानीरा !

वेग हीन, गति हीन,
चारों ओर बहती
नहीं दीखी तुम्हें
जल हीन, तल हीन
सदानीरा ?

आकाश नदी है, समुद्र नदी,
धरती पर्वत भी
नदी हैं !

आकाश नील तल,
समुद्र भँवर,
धरती बुद्बुद, पर्वत तरंग हैं,
और वायु
अदृश्य फेन !

तुम नहीं देख पाए !
छंदहीन, शब्दहीन, स्वरहीन, भावहीन,
स्फुरण, उन्मेष, प्रेरणा,—
झरना, लपट,
आँधी !

नीचे, ऊपर सर्वत्र
बहती सदानीरा—
नहीं दीखी तुम्हें ?

शंख

अंतरतम
गोपन क्षण
गूँज उठा,—
नीरव, बुद्धि अगम,
  भाव गुह्य !

वह महासिन्धु का शुभ्र शब्द था,
मौन अतलताओं में पला
  स्फटिक सत्य,—
  शंख !
  निःस्वर गूढ़ हर्ष
  नवनीत तुल्य
  साकार हो उठा !

नाद के सूक्ष्म श्वेत पंख
  आकाश में छा गए !
स्वच्छ शांति के निश्चल पर्वत
मानस जल में निःशब्द सोए थे,—
उनसे अंतः जागरण के
  गीत मुखर
  निर्झर फूट पड़े !

जल तल की चट्टानों से टकरा
जिसका रक्त मुख आहत हो उठा
वह क्रुद्ध सर्प
शत फन
फेनिल फूत्कार छोड़
नत फन हो गया !

समुद्र का श्वेत कोलाहल,
अगम शांति में लीन हो रहा,
मैं अंतर्नाद में डूब गया हूँ,
शुभ्र आत्म बोध में ! —
ओ महत् शंख !

झरोखा

हृदय में डूबो
देह भीतो,
हृदय में डूबो !
वही अमृत सर है !
तन के ताप
मन के शाप
धुल जाएँगे !
प्रकाश के मन से
बड़ा है
हृदय सरोवर,
मांगल्य सागर !
ज्ञान से महत् है
प्रेम,
क्षमा-आकर !

अपने में डूबो
लोक भीतो,
वहाँ प्रकाश है !

जगत ?
मात्र निवास है !
जहाँ अंधकार ही
अंधकार,
यदि
रुद्ध हैं
हृदय द्वार !

फूल

वह तटस्थ था,
अनासक्त,
तन्मय !

कब पलकें खुलीं,
शोभा पँखुरियाँ डुलीं,—
रंग निखरे,
कुम्हलाए,—

वह अजान था,
आत्मस्थ,
वृंतस्थ !

गंध की लपटें
असीम में समा गई,
स्वर्ण पंख मरदों से
धरा योनि भर गई !
वह समाधिस्थ,
मौन,
मग्न !

धीरे धीरे
दल झरे,
रूप रंग बिखरे,—

वह अवाक्,
रिक्त,
नग्न !—

जन्म मरण
ऊपरी क्रम था,—
वह,
मात्र
फूल !

अंतः स्फुरण

सीपी, शंख, स्वर,
इनमें अनबिंधे मोती हैं,
अनुसुना नाद,—
स्वर वृंत पर
अनसूंघे फूल !

मोती नहीं हँसे,
गीत नहीं गूंजा,
फूल नहीं खिले !

इंद्रिय द्वार मुंदे रहे
सूक्ष्म के प्रति !
विषाद रज भरा रहा
उर मुकुर !

शंका,
अनास्था,
अविश्वास,—
मन अपने ही से युक्त नहीं !

सत्य दूत हैं
सीपी, शंख,—
स्वप्न मुकुल,
रस वृंत !

अतल
सागर जल के
अरुणोदय !

देन

काल नाल पर खिला
नया मानव,
देश धूलि में सना नहीं !

समतल द्वन्द्वों से ऊपर,
दिक् प्रसारों के
रूप रंग
गंध रज मधु
सौम्य पंखड़ियों में सँवारे,
हीरक पद्म !

एक है वह
अंतः स्थित
बाह्य संतुलित,
भविष्य मुखी
रश्मि पंख
प्राण विहग,—
सूर्य कमल !

वह काल शिखर
देख रहा,
बहिर्देश
बहिर्जीवन
सीमाओं के पार,—
इतिहास पंक मुक्त !

अंतः प्रबुद्ध
बहिः शुद्ध,
पूर्व पश्चिम का नहीं,
काल की देन
अत्याधुनिक
अंतर्विकसित
चैतन्य पुरुष,
ज्योति पद्म !

अंतस्तरण

समाधान करो,
विश्वास न हरो,—
आश्वस्त करो !

ये शेष चरण हैं
अशेष—
अंतिम चरण !
निर्वाक् समुद्र में हूँ !
समुद्र पर चलने लगा हूँ,—
निःसीम समुद्र...
द्र...द्र...
अथाह
गम्भीर जल,
अकूल, अतल !

उत्ताल तरंगें
ग्राहमुखी—
आँधी की रस्सियों सी ऐंठीं,
चितकबरे साँपों सी रेंगतीं
फेन स्फीत
सहस्र फन !

आत्मरति के
गुंजलक
मरोड़े !

हाय, मन !
नाव नहीं, नाविक नहीं,
दिशा नहीं, कूल नहीं,—
पाँव—
पाँव पैदल चल रहा हूँ
अतल अकूल जल पर !
नीलोज्वल
हरित कोमल !

ओ जीवनमयी,
मन भींग गया,
प्राण डूब रहे,
अंतःकरण रस मग्न,
हृदय तन्मय !

डूबने न देना,
मुझे डूबने न देना !
समुद्र पर चलने लगा हूँ
निःसीम निस्तल पर !

आश्वस्त करो,
यह तुम्हारा
नया चरण है !
आस्था न हरो !

ओ स्थलचर,
समुद्र में डूबना नहीं,
चलना है चलना !

सूक्ष्म गति

वह चलती रहती,
थकती नहीं !—
ठंढी, बहती आग,
टटकी वायु !

धुंध के भुजंगों में उड़ती
फेनों के पर्वत उगलती,
कूड़ा कचरा निगलती,
प्राणोज्वल होती
जगत् प्राण !

कर्म गति शक्ति है,
रक्त की, मन की,
मस्तिष्क की,—
वह

धूल के पहाड़ उठाती,
क्रांति मचाती,
आगे बढ़ती
नए क्षितिजों को निखारती !

चेतना गति-सी शुभ्र नहीं,—
चेतना गति-सी !
जो मूक अतलताओं को छू
    चुपचाप
    स्वर्णिम आरोहों में उभारती
    सँवारती है !

केवल

केवल
प्रकाश और सौन्दर्य
प्रीति के यमल !

चाँदनी में लिपटे तारुण्य-से
अधखिले अंगों के
अधखुले रंगों के
प्रकाश और लावण्य
दो मुकुलों-से
रूप नग्न !

भाई बहिन हैं
प्रकाश और लावण्य !
छाया अंचल में बँधे
यमज !
मंगल और आनंद !

तुम्हारी छाया
जिसमें प्रकाश आनंद
मंगल लावण्य लिपटे हैं
स्वप्नों के ऐश्वर्य में—
उसे न छू पाऊँगा !

तुम्हें देख न सकूँगा
शोभा नग्न !
ओ अंगों की अंग,
लावण्यों की लावण्य,
तारुण्यों की तारुण्य !

चंपक त्वक्,
शुभ्रारुण,
अतल कोमल ! —
मैं डूब जाऊँगा
ओ तन्मय अमल कोमल !

भाषा नहीं
भाव नहीं,—

ओ अव्यक्त,
तुममें समा न जाऊँ,
खो न जाऊँ !

आगे मौन है,
अतल मौन,
केवल
निश्चल मौन !

शील

ओ आत्म नम्र,
तुम्हें ज्वालाएँ
नहीं जलातीं !

तुम्हारी
छंदों की पायलें
उतारे दे रहा हूँ,—

तुम स्वप्नों के पग धर
चुपचाप
भाव कोमल
मर्म भूमि पर चल सको !
तुम्हारी चापें
न सुनाई दें,
पदचिह्न
न पड़ें !

बाहर
हालाहल सागर है,—
विद्वेष विष दग्ध
सहस्रों उफनाते फन
फूत्कार कर रहे हैं !

उनका दर्प
शील के चरण धर
चुपके
पदनत करो !

तुम्हीं हो
वह हालाहल,
फन,
और
फूत्कार,—
अपने से
मत डरो !
तुम्हीं हो शील,
त्याग,
प्रेम,—
अनजान
मत बनो ! ...

तुम काँटों के वन में
फूलों के पग धर
निःसंशय विचरो,
घृणा का पतझर
वसंत बनने को है !

लोक चेतना के व्यापक
रुपहले क्षितिज खुले हैं,
तुम रचना मंगल के पंखों पर
उन्मुक्त वायु में

नि:शब्द
विहार करो,—
छंदों की पायलें
उतार रहा हूँ !

प्रश्न

शशक
मूषक में
कौन महान् है ?—

कला के सामने
गंभीर प्रश्न
उपस्थित हुआ !

साँप
मूषक को
निगल गया,
मयूर
साँप को !

मयूर की
सतरंग
बर्हभार छाया में
मेंढक
कीचड़ उछालता
टर्राया,—
जैसे को तैसा !

पर हाय,
खरहा
भले सुंदर हो,
मेंढक
आत्म विज्ञापन
जानता हो,
कलाकार
मूषक ही था !

कुत्ता
बेमन भौंका—
धन्य रे
हितोपदेशकार !

बाह्य बोध

तुम चाहते हो
मैं अधखिली ही रहूँ !
खिलने पर
कुम्हला न जाऊँ,
झर न जाऊँ !

—हाय रे दुराशा !
मुझमें
खिलना
कुम्हलाना ही
देख पाए !

द्यावापृथवी

बोध के
सर्वोच्च शिखर से
बोल रहा हूँ :

ओ टिमटिमाते
दीपको,
विश्व क्षितिज पर
महज्ज्योति
महत् सूर्य का उदय
हो रहा है !

मानव जाति का
अंतः शिखर,
गहनतम मनःक्षितिज
नव प्रभात से
स्वर्णिम हो उठा !

नया प्रकाश
समस्त मानवता को
गहराइयों
ऊँचाइयों में
फैल रहा है !

ओ दीप से नीराजन
करनेवालो,
चंदन अक्षत के
पूजको,

तुम्हारे मानस में
शुभ्र कमल खिला हो,—
तुम भावना की नाव से
समुद्र पार जा सकते हो,
तो क्या ?

कल महत् जीवन बोहित
समस्त मानवता को
अकूल के पार ले जा सकेगा !
नव सूर्योदय
प्रत्येक हृदय में
स्वर्ण कमल खिलाएगा !

आज लोक कल्याण के महत् पर्व में
विश्व मंगल के बृहत् सूर्योदय में
सहस्रों सूर्यों का प्रकाश
जीवन अंधकार की
गहनतम घाटियों को
आलोकित कर रहा है !

अपनी बौनी मान्यताओं के
सुनहले पाश से
मुक्त होओ !

नारद मोह वश
सत्य के महत् दर्पण में
अपना मुख देखने के बदले
महत् प्रकाश का सौन्दर्य
देखो !

तुम्हारा सत्य
इस महत् सत्य की
एक
लँगड़ी किरण भर है !

ओ पंक ओ पद्म

ओ चपले,
धृष्टे,
प्रेम से डर !
वह
कभी न बुझने वाली
आग है !

तेरे आँचल में
उडेल दूँ तो
देह मन प्राण
सब
भस्म हो जाएँगे !

ओ वासनाओं के
असंख्य कैंचुलों की
नागिन,—
जिसके अधरों का
स्मित दशनामृत
हालाहल,
दंश विष बन गया !

ओ देह के अँधियाले में
बुझी किरण,
प्रेम से डर !

जिस मिट्टी के लौंदे को
तू गोद में लिए है
वह मिट्टी का ही खिलौना
बना रहे !
देह धूलि, प्राण पंक में
लिपटा !

तू यह गौरव
ढोती रह,—
तूने
दुर्गंध भरी
कीचड़ की नाली से
अंधे कीड़े को
जन्म दिया !
मृत्यु मलिन मांस से
मांस लोथ को
सँवारा !

तेरी टाँगों का
तुच्छ कीट
द्वेष घृणा त्रास
भेद भाव ही में
पले !

उसका हृदय
प्रकाश का नीड़
न बनें,
प्रेम का स्वर्ग
न बने !

आ कुलटे
प्रेम की आँच से
अपने कलंक को
बचाना !

यह तुच्छ अहंताओं को
भस्मीभूत कर
धरती को, विश्व को
मानवता के पावक का
यज्ञ कुंड बना देगा !

तेरे चंचल कटाक्ष
कृत्रिम हाव भाव
सब आहुति होकर
जल भुन जाएँगे !

अतृप्ति

क्या देह से ही लिपटोगी ?
ओ मदिरा की
चंपई ज्वाल !

गहरे पैठो
और गहरे,—
मेरे अंतरतम की
गहराइयों में डूब जाओ !
ओ शोभे,
ओ कामने, श्रद्धे,
प्राणों से ही बँधना
बँधना नहीं !

मैं देखूँ,
लाज में सनी
तुम्हारी अतलताओं में
कितनी सुषमाओं की
स्वच्छताएँ—
भावनाओं की
सूक्ष्मताएँ—
अनिमेष स्वप्नों की
अनिर्वचनीयताएँ
छिपी हैं !

देखूँ
कितने विश्व
कितने मूक लोक
कितने अमेय स्वर्ग,
मादकताओं के पागल प्रकार
सुधाओं के गूढ़ स्वाद
इस लावण्य पट में
अंतर्हित हैं !

ओ वासंती कले,
रूप रंग गंध से
निखरी
तुम्हारी अनावृत
आभा—
लता सी लचीली
देह तनिमा
बाँहों में भर
संतोष नहीं होता !

आत्मानुभूति

कैसे कहूँ
अपने अछूते आँचल में
रंगों के धब्बे,
मधुपों के
षट्पद चिह्न
न पड़ने दे ! —
यह कल की बात है !

आज
अपनी भीनी शोभा
लुटाना चाहे
लुटा !

मीठी कोमल पँखुरियाँ
आँधियाँ दलें-मलें !
गौर वर्ण
आरक्त हो जाय,
स्वर्णिम मरंद
झर जायँ !

नयी पीढ़ियाँ
मधुरस की तीव्रता में
आत्म विभोर हो जायँ !

तुझे अपनी
गुंठित शोभा का मूल्य
पहचानना है !

ओ सृजयित्री
भावयित्री
कारयित्री प्रतिभे,
तू ही लाई
जातियों
संस्कृतियों
सभ्यताओं को !

असंख्य पिपीलिकाओं-से
हाथ पाँव
जो धरातल पर
हिलडुल रहे हैं—

यह तेरे ही प्राणों का आवेश,
रोम हर्षों की सिहर,
अवश अंगों की थर्थर् है !
जीवन
विकास पथ है,
साध्य साधन में
संगति ला !

एकमेव

दिन रात
मेरा ही यज्ञ,
चल रहा है !
बोध की अग्नि में
लोक कर्म
जल गया है !

अपने बिना
तुम्हें देख ही नहीं पाता,—
ओ युगों के सपने,
मेरे अपने !

पलकें गिराता हूँ
सौ सौ युग
जगते सोते हैं !
चितवन फेरता हूँ
आत्म ज्ञान के
शून्य से टकरा
दृष्टि लौट आती है !
दूसरा कोई मिलता ही नहीं !

ओ ज्योतिरिंगणो,
तुम्हारा सूर्य का भेद
कल्पित, बाहरी भेद है,—
मैं तुमसे छोटा,
सूर्य से बड़ा हूँ !

कहो,
दिशाएँ
उषा के सुनहले पावक में
लिपटी रहें—
दिवस का
रुपहला बालक
जन्म ही न ले !—

कहो,
शुभ्र कुँई-से उरोज खोल
दुग्ध स्नात चाँदनी
चाँद के कटोरे में
सुधा पीती रहे,—

रात
काले कुंतलों में
देह लपेटे
गुहा गर्भ में
सोती रहे !

दिन रात
मेरी भ्रू भंगिमाएँ नहीं
तो क्या हैं ?

अखंड

मुट्ठी भर भर
मूल्यों के बीज
मैंने इधर उधर बखेर दिए हैं !
वे चिनगारियों-से
क्षणभर चमक कर
बुझ गए !

मेरी हथेली में
अब कुछ नहीं !
रिक्त, अकेला, प्रसार है !
जो अपने आप
फिर फिर·
भर जाता है !

क्यों न फेनों की
सृष्टि करूँ ?
तुम किस मूल्य से
फेन को फेन कहते हो ?

सद्यः को
काल की ऐनक से
क्यों देखते हो ?
छोड़ो काल को--
कालातीत सद्यः हो
शाश्वत है !
छोड़ो शाश्वत को
केवल मैं ही हूँ !

मैं मुँह में पानी भर
जल फुहार बरसाऊँगा,—
करो तुम मूल्यांकन,
गिनो फुहार की बूँदें !

ओ रे सुंदर,
ओ रे मोहन,
मैंने ही तुम्हें
फूलों को
स्वप्नों को
इंद्रधनुष को दिया !

मैं शब्दों की
इकाइयों को रौंद कर
संकेतों में
प्रतीकों में बोलूँगा !

उनके पंखों को
असीम के पार
फैलाऊँगा !

मैं शाश्वत, निःसीम का
गायक और सृजक रहा
तो
सद्यः क्षणिक का भी
जनक हूँ !

मुझे
खंडित मत करो !
शाश्वत क्षणिक
दोनों ही
न रह पाएँगे !

समाधान

वेदना की खेती है,
अहंता के बीज,—
तीव्र आशंका
जिज्ञासा का हल !
मैं मनुष्यत्व की फसल
उगाऊँगा !

आनंद ही की
गहराई है
यह व्यथा !
जो
प्रीति शिखर बन
मुझे ऊपर खींचती है !
अहंता की
अभिन्न सखी;—
उसीका नवनीत सार है
व्यथा !

मेरे हाथ में
तुमने अपना
अहं ही का छोर
दिया है !—

उसीसे
अपने को
तुम्हें—पकड़े हूँ !
वह हमारा
मिलन तीर्थ है !

उसीसे
अपने पराए को,
विश्व को,
विश्व पार के सत्य को
समझता हूँ !

तपता हूँ
खँटता हूँ
तो, अपने को पाने !
हँसता हूँ
गाता हूँ तो
अपने को रिझाने !

सब अहंताएँ
अहंताएँ ही हैं,–
भक्त की, अभक्त की,
एक ही हैं !

मैं अनेकों में एक
एक में अनेक हूँ !

अपने को,
ध्यान से देखा,
उलटा पलटा
परखा—
तो,
तुम्हीं निकले !

रूपांध

सत्य कथा
सत्य से—
प्रेम व्यथा
प्रेम से
अधिक बढ़ गई !

रूपहले मौर
झर न जायँ,
बने रहें ! —
आम्र रस सृष्टि
भले न हो !

सूनी डालों पर
कुहासे घिरे
ओस भरे
आशा बंध

(मानस व्यथा के प्रतीक)
पतझर की सुनहली धूल
आँचल में समेटे रहें,—
कोयल न बोले !

तंतुवाय सा
मैं—अपने ही जाल में
फँसा रहे,—
सूरज चाँद तारे भी
उसी में उतर आएँ !

ओ छिछले जल में
वंशी डालने वाले,
ये कीड़े मकोड़े
साँप घोंघे हैं !
जिन्हें तुम मछलियाँ
रुपहली कलियाँ समझे हो !

जल अप्सरियाँ
रत्न आभाओं में लिपटीं
अमेय गहराइयों में
रहती हैं !

यदि निर्मल
मुक्ताभ अतलताओं से—
सुनहली किरणों सी
जल देवियाँ
कभी बाहर
लहरों पर तिरने आ जायँ,
तो यह नहीं
सत्य सतही होता है,

और
छिछली तलैया में डूबकर
तुम
फेन के मोती चुगो !

ओ मेरे रूप के मन,
तेरी भावना की गहराइयाँ
अरूप हैं !

वाष्प घन

ओ बादलों के देश,
भावनाओं के सूक्ष्म धूम,
चेतना के शुभ्र फेन,
मैं आदिवासी हूँ
तुम्हारे प्रदेश का !

न आकार प्रकार,
न रूप रंग रेखा,—
कैसे हल चलाऊँ ?
कौन से मूल्य बोऊँ
जो,
मानवता की फसल हँस सके !

तुममें
मुट्ठी भर भर
चाँदी का चूर्ण
सोने की बुकनी
रत्नों की छायाएँ भी मिलाऊँ
तब भी तुम क्षण शोभा
रिक्त भावोच्छास ही रहोगे !

अच्छा हो,
तुम स्वयं रिमझिम कर
मिट्टी में मिल जाओ,
धरती को सहलाओ,
नयी हरियाली बन आओ !

ओ सपनों के देश,
जहाँ पंख हीन परियों के साथ
मृणाल नाल के हिंडोले में
झूलता प्रेम
सिसका करता है !
ओ आत्म परक गीत,
अति कल्पना के मेघदूत,
तुम्हारे इंद्रधनुष की
मैं चूनर बनाऊँगा,
घर घर फहराएगी—
तुम्हारी बिजली को
बाँहों में लिपटाऊँगा,
युवकों को सिहराएगी !

आज कुहासे के
सुरमई खँडहरों में
धूप धुले
रेशमी वाष्पों में लिपटे
भावों के सुनहरे बिम्ब
टूटे चाँद की पायलें बजा,
पीड़ा की सेज सजा,—

मुक्ताभ फेनों के उपधान पर
थका शीश धर
इन्द्रधनुषी छटाओं में
लुकछिप,
रूप कला के
स्वप्न देख रहे हैं !

ओ थोथे छूँछे
भापों के खोखले निर्घोष,
कोरे आत्म विज्ञापन से
दिशाएँ न गुँजा;
गरजने से
बरसना
अधिक काव्यमय है !
हाँ, इसमें
नवीनता न हो !

भू पथ

यह भावना पथ है !
　　ओ महारसमयी,
तुम स्वप्नों के चरण धर
इसी छाया बीथी से आती हो !

रजत प्रकाश फैलने लगा,
सुनहली पायलें रह रह
बज उठती हैं ! —

तुम्हारे अतल मर्म की
मोहक गंध—
मन तन्मय हो गया,
देह सो गई !

तुम्हारे सूक्ष्म सौन्दर्य के अंग
　　मेरे अंगों से लिपट गए,
ओ चंद्रकिरणों की तन्वी,
　　सौरभ से देह मूर्च्छित हो गई !

मेरी प्रवृत्तियों पर
तुमने विजय पा ली,
इंद्रियों की बहु रूप अग्नि
प्रकाश बन गई !

तुम हृदय में
ऐसे समा गईं
वह तुम्हीं में
लीन हो गया !

तुम अंतःइंद्रियों की
शोभा हो,
कैसी साधारण लगती है
स्थूल इंद्रियों की अनुभूति !

ओ इच्छाओं की इच्छे,
तुमने मेरे तन मन प्राणों को
निष्काम सकाम बना दिया !
उनके संवेदन
तुम्हारे महत् आनंद में मिल गए !

समाधि मग्न
मैं नहीं रह सकता,
तुम्हें अंधकार की
कर्कश गुहाओं में
चलना ही पड़ेगा,—
वे सब
प्रतीक्षा में हैं !

वाचाल

'मोर को
मार्जार-रव क्यों कहते हैं मा ?'

'वह बिल्ली की तरह बोलता है,
इसलिए !'

'कुत्ते की तरह बोलता
तो बात भी थी !
कैसा भूँकता है कुत्ता,
मुहल्ला गूँज उठता है,—
भौं–भौं !'

'चुप रह !'

'क्यों मा ? ......
बिल्ली बोलती है
जैसे भीख माँगती हो,
म्याँउ, म्याँउ !—
चापलूस कहीं की ! ...
वह कुत्ते की तरह
पूँछ भी तो नहीं हिलाती'—

'पागल कहीं का !'

'मोर मुझे फूटी आँख नहीं भाता,
कौए अच्छे लगते हैं !'

'बेवकूफ़ !'

'तुम नहीं जानती, मा,
कौए कितने मिलनसार
कितने साधारण होते हैं ! ...
घर घर,
आँगन, मुँडेर पर बैठे
दिन रात रटते हैं
का, खा, गा...
जैसे पाठशाला में पढ़ते हों !'

'तब तू कौओं की ही
पाँत में बैठा कर !'

'क्यों नहीं, मा,
एक ही आँख को उलट पलट
सबको समान दृष्टि से देखते हैं !—
और फिर,
बहुमत भी तो उन्हीं का है, मा !'

'बातूनी !'

सिन्धु मंथन

मंथन कर
आत्म मंथन,—
ओ सागर,
ओ मानस,
ओ स्वाधीन देश,
अंतर मंथन कर !

उत्ताल भुजंग तरंग जगें
शतफन फेन दंश
फूत्कार भरें !—
आँधी तूफान उठें
बिजली और वज्र
कड़कें !

तेरा कालकूट और अमृत
बाहर निकले,—
लक्ष्मी काली
रंभा सूर्पनखा,
कौशल्या कैकेयी—

तेरे दुर्गंध भरे मन की
कीचड़ में डूबी
तेरी आत्मा
बाहर निकले !

ओ दंत हीन बूढ़े अजगर,
भय संदेह घृणा की
विद्वेष भरी अँधेरी खोह से
बाहर आ,—

ओ आत्म पराजित,
एक बार क्रुद्ध होकर
अपनी आरीदार पूँछ
समस्त बल से
धरती पर मार—
फटकार—

पुरानी केंचुल झाड़ !
नया यौवन
तेरी प्रतीक्षा में खड़ा है ।

ओ गुप्त द्रोही,
रीढ़ के बल रेंगना छोड़,
ऊर्ध्व मेरु बन !
नई भूमियाँ निखर आई हैं,—
अपनी झूठी मणि फेंककर
मुक्त नील तले
स्वच्छ वायु में विहार कर !

ओ आलस्य प्रमाद के
निरुद्यमी
राम चाकर काल सर्प,
दर्शन विप दंत,
श्रद्धा के गरल,—

परंपरा के बिल से निकल,
आत्म वंचना छोड़ !
छो......ड़ !